安全保護具の種類

作業で使用する保護具には、危険から身の安全を確保する「安全保護具」と、健康障害を防ぐ「労働衛生保護具」があります。このうち、安全保護具には次のようなものがあります。

作業に合った保護具を

作業の種類に応じて、使用する保護具も違います。

高所作業

墜落制止用器具、保護帽、安全靴　など

溶接、溶断作業

保護面、保護めがね、保護手袋、防じんマスク　など

運搬作業

安全靴、プロテクティブスニーカー、保護帽、作業用手袋　など

コラム 高年齢労働者・女性労働者に適した保護具を

　現在、わが国において、少子・高齢化の進展に伴って、生涯現役社会の実現が求められています。

　そうしたなか、高齢者の加齢に伴う身体機能の低下を考慮した保護具が開発されてきています。

　また、社会全体で女性活躍推進の取組みが進み、事務や営業などのオフィスワークにとどまらず、研究開発の現場や製造業、建築・土木、運輸、農林水産業など幅広い分野で女性の活躍が期待されています。そのため、女性労働者の体格・体形にフィットする保護具が開発されてきています。

　本書では、これらの内容も紹介します。

保護帽

働く人の頭を保護するためのヘルメットを、「保護帽」といいます。この「保護帽」は、厚生労働省の「保護帽の規格」に適合し、型式検定に合格しているものでなければ使用できません。労働安全衛生規則で着用が義務付けられている作業を行う場合は、貼付された型式検定合格標章で作業に合うものを使用することが必要です。

選び方

1 作業をふまえ、使用区分により保護帽を選びましょう。

保護帽の種類

使用区分	構　造	機　能
飛来・落下物用	帽体、着装体、あごひも	上方からの物体の飛来または落下による危険を防止または軽減するためのもの。
墜落時保護用	帽体、着装体、あごひも、衝撃吸収ライナー	墜落による危険を防止または軽減するためのもの。
飛来・落下物用墜落時保護用 兼用	帽体、着装体、あごひも、衝撃吸収ライナー	上方からの物体の飛来または落下による危険及び墜落による危険を防止または軽減するためのもの。
飛来・落下物用（墜落時保護用）電気用	帽体、着装体、あごひも、（衝撃吸収ライナー）	飛来物または落下物による危険（及び墜落による危険）を防止または軽減し、帽体が充電部に触れた場合の感電による危険を防止するためのもの。

女性の頭部に合ったサイズのものも。ロングヘアに対応した保護帽もあります。

2 型式検定合格標章を
　確認しましょう。

　型式検定合格標章（ラベル）の付いたものを選びましょう。乗車帽や軽作業帽（バンプキャップ）は、保護帽として使用してはいけません。

検定合格ラベル
労（○・○）検
検定合格番号　○○○
製造者名　○○
製造年月日　○○年○月製造
用途　飛来・落下物用
付属　○○

乗車帽
（自動二輪車等の
ヘルメット）

似ているが「保護帽」
ではない。

軽作業帽
（バンプキャップ）

3 より安全な衝撃吸収ライナー入りの墜落時保護用の使用を。

　飛来・落下物用保護帽の着用が義務付けられている作業場所でも、倒壊や転倒、転落で、頭部に衝撃を受けることがあります。そのため、衝撃吸収ライナーの付いた墜落時保護用との兼用の保護帽を使用しましょう。

4 衝撃吸収ライナー

　衝撃吸収ライナーとして発泡スチロールが使われています。最近、ブロックライナー（樹脂製）入りの保護帽が開発されました。樹脂製を用いることにより、保護帽内部に空間が広がり、通気性がよくなり、蒸れにくい構造となります。

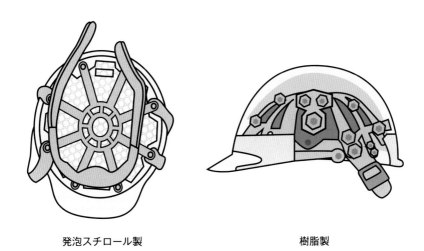

発泡スチロール製　　　　　　　　樹脂製

4

使い方：装着

　保護帽は真っすぐにかぶり、あごひもはきちんと締めましょう。正しく装着していないと、いざというときに十分な性能を発揮できません。

悪いかぶり方

あみだかぶり

ヘッドバンドの
サイズを調節しない

あごひもを
緩めている

あごひもを、前のひさしの部分
に掛けている

正しいかぶり方

①真っすぐ深くかぶる。

②頭の大きさに合わせてヘッド
バンドのサイズを調節する。

③調節部が二重になっているものは
必ず両方を調整する。

交換

①一度でも衝撃を受けたものは使ってはいけません。

②耐用年数は、熱可塑性樹脂製（PC・PE・ABSなど）の保護帽では使用開始後3年、熱硬化性樹脂製（FRPなど）の保護帽では使用開始後5年が目安です。

　保護帽は過酷な条件下で使用されるため、外観に異常が認められなくても、劣化が進んでいることがあります。耐用年数以内に交換してください。あごひもや着装体等の内装品は1年ごとに交換しましょう。

安全靴・プロテクティブスニーカー

　重量物の落下による足元のけがの防止や、転倒による事故を防止するために、安全靴があります。そのほか、スニーカータイプの作業靴（プロテクティブスニーカー）も市販され、作業に合わせて選択できるようになっています。

▌種類

安全靴（JIS T 8101）

　つま先を防護するための先芯（鋼製ないし樹脂製）が装着され、滑り止めがついている靴です。甲被は牛革製または総ゴム製に限られています。各安全性能の基準を満たしたものには、JISマークが付いています。

安全靴の性能

- **かかと部の衝撃エネルギー吸収性**
  - ●足の負傷や疲労の軽減
- **引っ張り/引き裂きに強い革製**
  - ●甲被が丈夫
- **剥離抵抗**
  - ●靴底がはがれにくい
- **耐衝撃性**
- **耐圧迫性**
- **耐滑性**

静電気帯電防止靴（JIS T 8103）

　引火性の物質の蒸気、可燃性ガスまたは可燃性の粉じんがあって、爆発または火災が発生するおそれのある場所で作業を行うときに使用します。

プロテクティブスニーカー（JSAA認定品）

　（公社）日本保安用品協会（JSAA）制定のプロテクティブスニーカー規格に基づく
JSAA認定品は、甲被・靴底に自由度がある一方で、JIS規格適合の安全靴ほどの
安全性能や耐久力を必要としない環境条件下や用途で使用できます。

　JSAA認定品には、下図のマークが付いています。

- 軽量設計
- 反射材
- つま先を保護する先芯
- かかとの衝撃を軽減させる構造
- 履き心地
- 一定基準以上の耐久性を持つ甲被と表底材
- クッション性能

選び方

　作業内容をふまえて、安全靴はJIS規格のものを、プロテクティブスニーカーは
JSAA認定品を選びましょう。

種　　類	記　　号			
安全靴	U（超重作業用）	H（重作業用）	S（普通作業用）	L（軽作業用）
プロテクティブスニーカー	―	―	A（普通作業用）	B（軽作業用）
作業例	鉱山、鉄鋼業等		機械工作、建設等	電気部品組立、宅配等

安全靴とプロテクティブスニーカーの比較

靴底素材の耐久性:	安全靴＞プロテクティブスニーカー
靴底のはがれにくさ:	安全靴＞プロテクティブスニーカー
靴重量の軽さ:	安全靴＜プロテクティブスニーカー

- 作業および使用環境（滑りやすさ、静電気の有無など）を考慮して選びましょう。
- サイズ、ウィズ（足囲）、デザイン、重量など、自分の足に合うものを選びましょう。

使い方

- 立った状態で足を入れてチェック：きつくないか、どこか当たっていないか？
- 靴ひもを締めずに足をいっぱいに前に移動させる：かかとに人指し指が入るか？
- 靴ひもを締める：親指のくびれた部分に先芯の後端部がくるか？　足の広い部分と靴の広い部分が合っているか？
- 歩いてみてチェック：足に強い圧迫感がないか？

交換

- 先芯が露出したら交換
- 靴底がはがれたり、割れたら交換
- 靴底の摩耗が著しかったら交換

高年齢労働者に望まれる安全靴、プロテクティブスニーカー

- 軽量で前後のバランスの良い靴：つま先に軽い樹脂先芯を使用していて、軽く前後のバランスの良いものが望ましいです。
- つま先部が上がっている靴：床面の段差での「つまずき」による転倒の危険が低減します。

トゥスプリング

墜落制止用器具（安全帯）

　高所作業の際、墜落のおそれがある場所では、墜落制止用器具を使用して墜落を防ぎます。2019年2月から安全帯は「墜落制止用器具」と名称が変更になり、原則としてフルハーネス型墜落制止用器具を使用することとされています。

なぜフルハーネス型なのか

　墜落時、ベルトによって胴部だけを支持する胴ベルト型では、内臓の損傷や胸部の圧迫の危険があります。

　一方、フルハーネス型は、肩、腰、腿に荷重が分散されるので、命も守られ、後遺症が残る可能性も減少します。

　6.75mを超える高さの箇所ではフルハーネス型墜落制止用器具を着用しなければなりません。

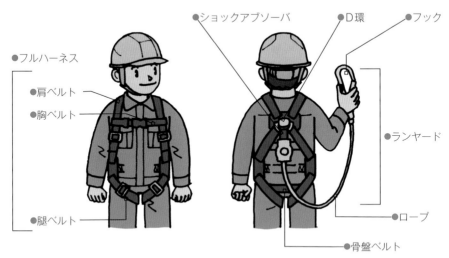

- ショックアブソーバ
- D環
- フック
- フルハーネス
  - 肩ベルト
  - 胸ベルト
  - 腿ベルト
- ランヤード
- ロープ
- 骨盤ベルト

※U字つり用胴ベルトについて

　従来のU字つり用胴ベルトは、ワークポジショニング用器具として使用はできますが、墜落制止用器具との併用が必要です。

選び方

墜落制止用器具は「フルハーネス型」が原則

　フルハーネス型の着用者が墜落時に地面に到達するおそれのある場合（高さが6.75m以下）は「胴ベルト型」も使用できます。

フルハーネス本体の選び方

　フルハーネス本体は、背中や腿ベルトの形状、作業ベルトの有無などで選択します。

　本体には使用可能な質量（体重＋装備質量）が表示されています。

使い方

フックのかけ方

　衝撃で壊れたりはずれたりする可能性のあるところにはかけてはいけません。

　ロープが鋭い角ですれないようにします。やむを得ない場合は、角に直接触れないよう布などの当て物を当てます。

腰より高い位置に取り付ける。
位置が低いと、衝撃が大きくなる。

交換

● 本体は3年、ランヤードは2年を目安に交換してください（日本安全帯研究会の交換の目安）。

● 交換目安期間内であっても、次のような場合は交換を。
　ベルト、ショックアブソーバの傷／焼損／摩耗、擦り切れ、よごれ、変色など
　金属の変形、摩耗、傷、錆、よごれなど

● 一度でも墜落した場合は、交換しましょう。

保護めがね・防災面

保護めがね・防災面の種類

飛来物（化学物質等も含む）や有害光線等から眼や顔を守る保護具です。眼は大変傷つきやすい部位で、失明することもあるので、眼の防護は大変重要です。

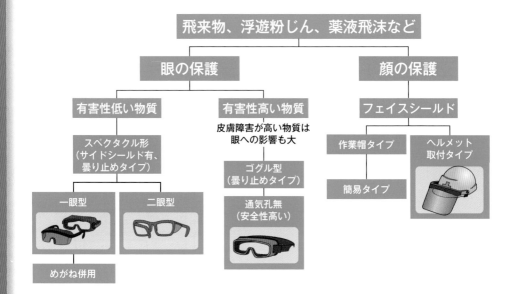

- 保護めがね
  飛来物、浮遊粉じん、薬液飛沫等が発生するおそれのある作業や場所で使用します。
- しゃ光めがね
  有害な紫外線、強烈な可視光線、赤外線等がある作業や場所で使用します。
- レーザー用保護めがね
  レーザー放射を受けるおそれのある作業や場所で使用します。

保護めがね

選び方

● 作業者の顔にフィットする保護めがねを使用しましょう。

● フレーム、レンズ、アイピースをよく点検しましょう。矯正用めがねをしているから眼に有害物が侵入しないと考えてはいけません。矯正用めがねと眼の間には隙間があります。そのためにスペクタクル型、ゴグル型とも矯正用めがねの上にかぶせるタイプがあります。

● ゴグル型は長時間使用していると汗によりアイピースが曇って見にくくなる問題が生じます。専用曇り止め液も別売りされています。

バッテリーを利用してゴグルのレンズを温める発熱機能がついた防曇ゴグルも開発されています。

使い方

大切な眼を守る保護具なので、丁寧に取り扱い、レンズ等に傷をつけないように使用します。

交換

装着が不適切になったり、レンズやアイピースに傷がついたりしたら交換します。

防災面

選び方

溶接用保護面

防災面

防熱面

● 眼と顔全体を覆う。
● 視野が広い。
● 変形していたり、ヒビや割れているところ、ガタツキはないか。
● 防災面のシールド部分の材質は作業内容に適しているか。

使い方と交換

大切な眼と顔を守る保護具であることより、丁寧に取り扱い、シールド等に傷をつけないように使用します。

装着が不適切になったり、製品にヒビ・変形などがみられるときは交換します。

作業手袋

　手を保護するための手袋も、作業の種類ごとにいろいろなものがあります。作業に適したものを選びます。

種類と選び方

溶接用革手袋

切創防止手袋

パラ系アラミド繊維（ケブラー、テクノーラ）の手袋

防振手袋

振動工具の振動から守る。

防寒手袋

電気用ゴム手袋

感電を防ぐ。

耐熱素材の手袋

メタ系アラミド繊維、パラ系アラミド繊維など

□縫製がしっかりしているか、または、ひびが入っていないか？

□はめて握ったとき、指は痛くないか？

□電気用をはめる前に、時計やペンダントなどを外しているか？

使い方、保管

● 直射日光などを避け、材質を考慮した方法・場所で保管しましょう。

● 電気用はパウダーをふって形を整え、折り曲げずに保管し、6ヵ月以内ごとに1回、絶縁性の定期検査をしましょう。

● ゴム製は水洗いして陰干しに。

● 革製は、湿気のない場所に保管します。洗濯したり、ビニール袋に密封したりしないようにしましょう。

交換

● 手袋が変形、破損したら、交換しましょう。

● 各手袋の取扱説明書に記載されている交換時期を参照しましょう。

保護具を有効に使うために

保護具の機能を活かすためには、完全な状態のものを正しく使うことが必要です。

点検してから使おう

- 点検チェックリストに従って、使うとき、また、使った後に不具合がないかを点検します。
- 変形していたり、材質が劣化したものは新品と交換します。

保管にも気を配ろう

- 材質を考え、直射日光の当たらない風通しの良い場所に。
- 使ったら、汗などはできるだけ拭き取り、清潔に。
- 形を整え、決まった場所に片付けましょう。
- 腐食性液体、有機溶剤、油類、酸類、火気放熱体のあるところには保管してはいけません。

正しい着け方、扱い方を身につけよう

職場で指定された、作業に合うものを正しく着用しましょう。

定期的に点検を行おう

使用年限が指定されているものは、年限内に交換しましょう。

（執筆者）
田中 茂(たなか　しげる)
十文字学園女子大学名誉教授

早稲田大学大学院理工学研究科修了。中央労働災害防止協会・労働衛生サービスセンター（現 労働衛生調査分析センター）、北里大学医療衛生学部助教授、十文字学園女子大学教授を歴任。保健学博士。専門は労働衛生学、作業環境学であり、労働衛生保護具の研究では衛生管理者、産業医等に高く評価されている。

すぐに実践シリーズ

正しく着用 安全保護具の使い方

平成23年4月22日　　第1版第1刷発行
令和 2年4月30日　　第2版第1刷発行

編　者　中央労働災害防止協会
発行者　三田村憲明
発行所　中央労働災害防止協会
　　　　〒108-0023　東京都港区芝浦 3-17-12 吾妻ビル9階
　　　　TEL〈販売〉03-3452-6401
　　　　　　〈編集〉03-3452-6209
　　　　ホームページ　https://www.jisha.or.jp/
印　刷　㈱日本制作センター
イラスト・デザイン　㈱ジェイアイプラス
©JISHA 2020　　24076-0201
定価：(本体250円＋税)
ISBN978-4-8059-1921-7　C3060　¥250E

中央労働災害防止協会

はじめに

　酸素欠乏空気（無色無臭）による災害は、いったん起きると**被災者の半数近くが死亡**している、非常におそろしい災害です。

　わずかでも酸素欠乏空気を呼吸すると、脳の活動が低下して動けなくなり、逃げ出すこともできずに死に至ることが多いのです。さらに、被災者を助けようとした**救助者が二次的に被災（死亡）**することが多いのが特徴です。また硫化水素中毒は濃度によっては眼を刺激したり悪臭があり中毒症状を生じます。

　このようなおそろしい災害を防ぐために、災害が起きるメカニズム、起きやすい場所などについてしっかりとした知識をもち、酸素濃度等の測定、換気、正しい保護具の使用など、正しい作業方法を身に付け安全な行動をとることが大切です。

　本小冊子は、酸素欠乏等危険場所での作業を安全に行うために知っておくべきこと、守るべきことをまとめました。

もくじ

参考文献

「新 酸素欠乏危険作業主任者テキスト」「新 酸素欠乏症等の防止（特別教育用テキスト）」「酸素欠乏症等防止規則の解説」「安全確認ポケットブック　酸欠等の防止」（以上、中災防発行）